Collection folio cadet

D0645169

9/90

A toutes les grand-mères du monde

Supplément réalisé avec la collaboration de
Dominique Boutel, Nadia Jarry, Anne Panzani
(illustrations Sophie Jouffroy)

ISBN : 2-07-031211-9
Titre original : Witches
Publié par Granada Publishing Ltd
© Colin Hawkins, 1981, pour le texte et les illustrations
© Albin Michel Jeunesse, 1981, pour la traduction
© Editions Gallimard 1984, 1990, pour la présente édition
Numéro d'édition : 48165
Premier dépôt légal : octobre 1984
Dépôt légal : février 1990
Imprimé en Italie par la Editoriale Libraria

Les sorcières

JACQUI ET COLIN
HAWKINS

GALLIMARD

Chapeau pointu.

Rare Fouine Noire,
talisman superpuissant
contre les
pick pockets.

Corbeau.

Longue robe noire.   Landau à provisions.

4

Qui est Sorcière?

Si l'on en croit d'anciens textes,
« Une sorcière se reconnaît à son grand âge, à son visage buriné, à son front ridé, à ses lèvres moustachues, à ses chicots cassés, à ses yeux qui louchent, à sa voix perçante, à ses ronchonnements incessants, à son manteau en guenilles et au fait qu'elle est toujours suivie de son chat ou de son chien. »

On ne peut faire meilleur portrait de bien des gens et tout spécialement des grand-mères et, plus spécialement encore, des vieilles grand-mères.

Toutefois, même si votre grand-mère présente toutes ces qualités, il n'est pas forcément sûr qu'elle soit une sorcière.

Voici donc quelques indices qui pourront vous aider à répondre à la question :

1 Votre grand-mère porte-t-elle de préférence de longues robes noires et de grands chapeaux pointus ?

2 Votre grand-mère fait-elle mijoter des algues, des racines et des herbes dans d'énormes marmites noires posées au coin de son fourneau ?

3 Votre grand-mère aime-t-elle aller danser dans le jardin à minuit ? Si oui, danse-t-elle *a)* seule, *b)* avec ses copines, *c)* les nuits de pleine lune exclusivement, *d)* en d'autres occasions ?

4 Votre grand-mère peut-elle commander un orage, siffler le vent, appeler la pluie ?

5 Votre grand-mère vole-t-elle ? Si oui, le fait-elle *a)* sur le manche de son balai, *b)* à cheval sur son chat, *c)* en avion ?

6 Votre grand-mère change-t-elle souvent de forme ? L'avez-vous déjà vue *a)* en papillon, *b)* en corbeau, *c)* en araignée ?

7 Votre grand-mère guérit-elle *a)* les fièvres bénignes, *b)* les fièvres malignes, *c)* les mauvaises humeurs ?

Si vous avez répondu oui à certaines de ces questions, aucun doute, votre grand-mère est une sorcière. Si vous avez répondu non partout, voici un test supplémentaire et infaillible :

Demandez à votre grand-mère si elle vous aime. Une véritable sorcière répond toujours oui.

Et au cas où vous découvririez que votre grand-mère est absolument une sorcière, voici un guide irremplaçable qui vous en dira plus sur les pouvoirs et les pratiques de cette confrérie.

Les Chouchous

Les Sorcières

S'il vous arrive de parler dans le dos de votre grand-mère, prenez garde que son chat ne vous écoute pas. En effet, ce n'est sans doute pas un vrai chat. C'est probablement un « chouchou », un lutin qui a pris la forme d'un chat. Les sorcières se servent de leurs chouchous pour récolter les informations et les cancans. Ils portent aussi des messages aux autres sorcières et aident à réunir les ingrédients nécessaires à la préparation des charmes. En un mot, ils sont indispensables !

"Le petit oiseau va sortir."

Le chouchou des chouchous.

9

Il ne faut pas croire que tous les chouchous soient des chats. Ils peuvent aussi être chiens, oiseaux, crapauds, crocodiles et même araignées ! Les chats noirs sont cependant les plus appréciés : ils savent prévoir le temps et peuvent, si ça leur chante, aider la sorcière à le changer. Il vous faut donc observer le chat de votre grand-mère :
s'il griffe tapis et rideaux, c'est pour faire lever le vent. S'il se lisse les oreilles avec ses pattes avant, ou s'il éternue, alors attention, la pluie ne tardera pas à tomber.

Bien que les chouchous soient très utiles, et, somme toute, de bonne compagnie, ils deviennent souvent trop familiers, allant jusqu'à faire tourner les sorcières en bourrique. C'est l'origine du proverbe bien connu chez les chats : « Qui trop accorde donne souvent la discorde. »

Une maison Bien Sûre

Gare aux chauves-souris dans les cheveux.

Les sorcières habitent souvent de très vieilles maisons, mais il n'est pas toujours facile de les détecter. Certains indices cependant ne trompent pas : le numéro de la porte est un chiffre néfaste, le garage est très petit, on observe un va-et-vient incessant de chats, les fenêtres sont fumées, la girouette s'agite en tous sens ou même une sorcière vient ouvrir la porte si l'on sonne. Si vous suspectez une maison d'appartenir à une sorcière (sauf si c'est celle de votre grand-mère, bien sûr), il vaut mieux ne pas trop vous approcher, vous pourriez recevoir un sort !

Se tenir près d'un sureau ou d'un chêne de sorcièr après la tombée de la nuit, c'est risquer d'être ensorcelé.

Les girouettes
protègent contre les
maléfices du noir.

Gare aux chats guetteurs.   Garage à palais.

13

A l'intérieur, la maison de la sorcière semble particulièrement confortable : tapis en fourrure de chat moisie, murs recouverts de plumes de corbeau, rideaux de toiles d'araignée. Au premier étage sont les chambres meublées de lits, de paniers à chat ou à chien, de nids de guêpes, de perchoirs divers, de bassins à crocodiles.

Les sorcières doivent souvent sortir la nuit pour jeter quelque sort ou manigancer quelque tour de passe-passe. Il leur faut donc saisir pendant la journée toutes les occasions pour dormir : c'est pourquoi il n'est pas rare de les trouver assoupies au fond d'un confortable fauteuil ou somnolentes devant la télévision. Certains pensent que les sorcières ne dorment jamais, c'est une question à poser à votre grand-mère.

Remarquez que les sorcières ne reçoivent jamais de journaux. Les nouvelles du passé ne les intéressent pas : elles préfèrent lire l'avenir, dans les flammes d'un feu, par exemple. Mais les livres sont une tout autre affaire ! Une sorcière qui se respecte dispose d'une sérieuse bibliothèque où sont réunis des livres de recettes et de magie, des carnets à noter les charmes et même parfois des livres-vers-de-terre, des livres-chenilles, des livres-coléoptères, des livres-araignées, voire d'horribles livres-crapauds qui se glissent derrière les étagères.

Les bains sont rarement une affaire privée.

Les chauves-souris détestent l'eau.

Un chat-chouchou grattant un dos familier. ↝

16

Un Bain Bouillonnant de Bulles

Contrairement à une rumeur populaire, les sorcières aiment prendre leur bain tous les jours et la plupart d'entre elles se mettent des bigoudis au moins une fois par semaine. Mais ce qu'elles préfèrent, ce sont les bulles. Pour faire une vraie mousse, elles prennent les feuilles de plante-à-savon broyées et empaquetées dans une peau de taupe. Il ne reste plus qu'à agiter le tout dans la baignoire pour qu'apparaisse immédiatement une mousse luxuriante et parfumée. Et pour obtenir un bain particulièrement tonifiant, ce qui est bien agréable après une folle nuit, beaucoup de sorcières y ajoutent de la lavande, parfum qui leur est cher. Votre grand-mère n'aurait-elle pas de la lavande ?

L'heure du bain est aussi celle de la beauté, celle du soin du teint et de la chevelure. Onguents, herbes, lotions, shampooings, poudres et parfums, recettes secrètes transmises de mères-sorcières à filles-sorcières, tout concourt à donner aux jeunes sorcières cet aspect brillant et lisse, cette peau souple et douce qui sont un de leurs charmes. Elles se polissent aussi les lèvres et se vernissent les canines.

Un problème cependant : la présence des chouchous qui, à l'heure du bain, sont parfois un peu envahissants !

Jeter l'eau du bain sur des poireaux favorisera leur croissance.

Les Nippes-Sorcières

Les bords du chapeau peuvent être repliés sur les oreilles par temps froid.

La taille normale d'une sorcière évolue entre 1,60m et 2,20m (chapeau inclus)

Mitaines de sorcière

Chaudron portatif

Fortes bottines de cuir

Chapeau de nuit lumineux.
complet avec tuyau d'aération et moucheur de chandelle pour lire au lit durant les nuits sans lune.

Veste noire

Poches secrètes

Gilet en liberty.

Culotte bouffante pour l'hiver.

Chaussettes élastiques noires.

Les sorcières sont assez conformistes dans le choix de leurs tenues. Il leur faut des toilettes difficiles à porter et chères à acheter. Relativement chaudes en prévision des vols frisquets d'octobre, elles doivent aussi être raisonnablement imperméables, surtout en mars lorsque vient la saison de mettre les giboulées en bouteille. Quant aux couleurs, à partir du moment où elles peuvent supporter les éclaboussures des chaudrons comme les salissures du jardin...

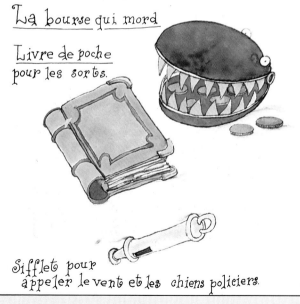

La bourse qui mord

Livre de poche pour les sorts.

Sifflet pour appeler le vent et les chiens policiers.

Petit parapluie pour les brèves averses.

Un point important : ces vêtements doivent être confortables et laisser une totale liberté de mouvement, tant pour les jambes qui moulinent que pour les bras jeteurs de sorts. La robe de sorcière classique est munie en outre de poches profondes aptes à recevoir toutes sortes de choses indispensables, sandwiches, gourde de thé, épingles à sorcière, ficelle, vieilles chaussettes, élastiques et crapauds.

Un sac de sorcière et certains des objets qu'il contient.

Onguent pour vol

Une prune au déjeuner rend les sorcières gaies.

Les œufs de fourmis crus les revigoreront.

La gelée peut soigner les maux de ventre.

Les chauves-souris ne sont pratiquement jamais réveillées au petit déjeuner.

Bonne Fourchette et méchante Langue

Les sorcières dévorent leur petit déjeuner à belles dents. Leur plat préféré est le sagou, sorte de civet d'œufs de grenouille en conserve. Elles apprécient aussi les champignons vénéneux, récoltés à l'aube et grillés sur des toasts. Après quoi, pour s'agacer les dents, elles ingurgitent de grandes tartines de pain de gland confiturées de délicieuse marmelade de prunelles le tout arrosé d'un petit noir de dent-de-lion bien chaud. Il leur était jadis nécessaire de jeter un sort sur le lait pour le faire tourner, mais aujourd'hui le lait suri est un produit courant dans les sorcières-marchés.

Second service...

S'il vous plaît, un croque-chat!

Il est cependant plus difficile de nourrir les chouchous. Les magasins qui vendent des petits pots pour crapaud, des graines pour corbeau, des steaks de papillon pour chauve-souris et du bourguignon pour crocodile sont rares. Voilà pourquoi les repas peuvent s'éterniser, même si la sorcière qui est au fourneau déborde d'imagination. Et avec toutes ces bouches à nourrir, comment s'étonner que le cellier soit si souvent vide !

À bon chat bon rat...

...Et quand le cellier est vide

Courses de Choc

Sorcière sifflant des saucisses.

Quatre-vingt-dix pour cent des bouchers assurent qu'ils peuvent reconnaître une sorcière dans leur magasin.

Les boulangeries devraient envelopper les baguettes

Seuls les pains les plus rassis peuvent intéresser les sorcières méticuleuses.

27

Cierge Sabbatique.

Chandelière*

*Marchande
de chandelles

Depuis l'invention de l'électricité, les fabricants de chandelles ont fait de gros efforts de promotion auprès des sorcières.

Sort pour faire venir l'autobus.

Notez l'usage du pouce.

Ce sort est parfois trop puissant.

Il n'y a pas si longtemps encore, pour faire son marché une sorcière devait se traîner de boutique en boutique. Aujourd'hui, plus de problème, on trouve tout à la Sorcièritaine, en moitié moins de temps et deux fois plus d'amusements. Les supermarchés (ou sorcières-marchés) sont devenus de grands centres de rassemblement pour les sorcières.

Elles y échangent nouvelles et cancans, s'informent du dernier sort à la mode et organisent chaque semaine la « course à la caisse » : la plus vite sortie a gagné !

ce n'est pas une sorcière

Les doigts Verts

Roses trémières : bon remède contre les gencives spongieuses.

Il existe peu de boutiques offrant aux sorcières les divers ingrédients qu'elles doivent avoir constamment sous la main pour préparer leurs sorts. Il leur est donc nécessaire de cultiver leurs jardins, d'arracher les fleurs qui risquent d'étouffer les mauvaises herbes, de dégager les orties et les champignons vénéneux pour qu'ils puissent croître à leur aise.

Concombres, citrouilles, cresson et gratterons calmeront un nez écrasé.

Aucune sorcière digne de ce nom ne peut se dérober à ces tâches.

Sachez aussi qu'elles entendent pleurer les plantes et que c'est la raison pour laquelle elles leur jettent un sort endormant avant de les cueillir. Vous ne trouverez dans un jardin de sorcière ni clématites pleureuses, ni pensées timides, ni mousses rasées, ni glycines glissantes, pas plus que des plantes accrochées à des échalas ou enchaînées à un espalier.

30

Pour déborder de vie, mangez des orties.

Dents-de-lion
Ceux qui mangent leurs racines dormiront longtemps.

Mouron rouge
Soigne les démangeaisons et la gale.

Non. Mais vous pourrez admirer des orties, des dents-de-lion, des champignons mortels aux suaves parfums, des saules rampants, du mouron rouge empoisonneur, des queues-de-dragon, des gueules-de-loup, des concombres et des roses. Votre grand-mère possède sans doute quelques-unes de ces plantes dans son potager.

Une ou deux gouttes de sang de chauve-souris
mélangées à de la morelle noire, de la digitale
et de la graisse
de sanglier
font un
excellent
onguent pour le vol.

Un papillon
dans
le bouillon
guérit des
oreillons

On pense qu'il y a plus
de sorcières pour
soigner les verrues
qu'il y a de verrues
dans le monde.

Coquins de Sorts

Au cours des âges, les gens ont toujours craint les sorcières. En un clin d'œil, ces vieilles commères étaient fichues de vous transformer en chat, en champignon, en chauve-souris et même, pour les princes, en crapaud. Il faut bien reconnaître que certaines d'entre elles utilisent leur magie d'une manière quelque peu déplaisante : un bout de chicane à droite, un mauvais tour à gauche, mais en général, les sorcières pratiquent leur art à bon escient. Epuisées par le travail et par la chaleur des chaudrons, elles vieillissent parfois avant l'âge, et tout cela dans le seul but d'aider leurs concitoyens !

Eh oui ! Pour préparer une potion efficace, il ne suffit pas d'avoir la bonne mixture, cuite à la bonne température, encore faut-il se souvenir avec précision des formules qui lancent les sorts.

Ongles de pied bien longs pour ficeler les sorts.

Voilà pourquoi les jeunes sorcières doivent consacrer à leur entraînement des heures et des heures rognées sur leur temps de loisirs, prendre des leçons de cuisine, étudier les recettes, s'intéresser à la sténographie, à la dactylographie, participer à des chorales pour s'initier aux cris, aux chants, aux murmures et aux incantations propres à toutes circonstances. Sans de bonnes dispositions à ces études, point d'espoir de faire carrière !

Les sorts les plus simples concernent le temps. Pour déchaîner une tempête en mer, une sorcière n'a tout simplement qu'à faire tourner son chat trois fois autour de sa tête avant de le lancer dans l'eau en chantant :

« Drôle de chat !
Drôle de chat !
Finies les manières.
Que la mer soit en colère ! »

Plus délicats, mais plus gratifiants, sont les sorts qui guérissent des maladies.

Crapaud sec.

Sorcière faiseuse de pluie ayant réussi.

Quitte ou Double

Voici un remède à essayer contre les verrues :

Placez dans un sac autant de galets que vous avez de verrues.

Abandonnez le sac à la croisée de deux chemins. Les verrues s'en iront sur le premier qui le ramassera. Ou alors, piquez vos verrues avec une épingle de sorcière que vous planterez ensuite dans un frêne en disant :

« Frêne, frêne, exauce-moi, que ces verrues soient loin de moi. » Si les verrues ne passent pas sur l'arbre, allez interroger votre grand-mère.

Verrues

La méthode du sac aux galets.

35

La goutte
La graisse de sanglier n'est pas facile à trouver, aussi est-il bon d'en avoir un parmi les chouchous.

Peut-être voulez-vous essayer l'un de ces charmes en famille ?

Pour un mal de ventre, mettez-vous sur la tête quelques minutes en disant : « Tidi, tidi, tididal, qu'à l'instant s'envole cet affreux mal. »

Si vous toussez, restez au lit et prenez un bouillon de chouette trois fois par jour.

Si vous avez une rage de dents, accrochez-vous autour du cou une taupe morte.

Si vous êtes fiévreux, prenez des pilules de toile d'araignée pilée avant le petit déjeuner.

Contre la rage de dents, rien de mieux qu'une taupe morte portée autour du cou.

Si votre nez coule, touchez vos oreilles avec vos doigts de pied.

L'eau des giboulées de mars récoltée dans une bouteille rend la vue claire.

Si vos genoux sont écorchés, faites bouillir des choux et des chenilles, versez le tout sur de la mousse au chocolat et avalez la mixture avant de vous mettre au lit.

Si vous avez la migraine, fermez les yeux, restez tranquille et comptez silencieusement jusqu'à cent. Recommencez jusqu'à ce que vous arriviez au résultat cherché. Si cela ne vous soulage pas, cela soulagera au moins votre grand-mère.

Si un chien vous a mordu, arrachez-lui une touffe de poils, faites-la frire et posez-la sur la morsure avec un brin de romarin.

Remède contre les morsures de chien.

Lecture dans les feuilles de thé.

Laissez thé rep

sirop d'olives noires.

Gelée de triton.

Mousse de lion

Petit pain de mule.

Pain au lait glacé.

Tarte au sur

Sorcières-Parties

Les sorcières sont primesautières, chaleureuses et amicales.

Gâteau du diable

ardane

Crème de lavande.

Sandwiches au fromage de chèvre.

Les sorcières adorent se retrouver entre elles. Les cafés matinaux, les tournois de crapette, les sorties en voiture, les parties de tennis et les thés sont autant de bonnes raisons pour entamer de fameuses parlotes. Pour s'amuser après leur goûter, les sorcières regardent la télévision ou se disent l'une à l'autre la bonne aventure dans les feuilles de thé (elles n'utilisent jamais d'infusettes !) Après avoir bu sa tasse, chaque sorcière la passe à sa voisine de gauche qui la fait tourner trois fois dans sa main gauche pour en extraire les dernières gouttes. Les traces laissées près de l'anse représentent l'avenir proche, dans le milieu de la tasse, ce sont les événements un peu plus éloignés et,

Une bouilloire qui ne bout pas peut-être ensorcelée ou contenir un crapaud.

au fond, le futur lointain. Les taches en forme de croix, d'épée, de fusil, de crapaud, de serpent ou de chat sont de mauvais présages. Les taches en lune, en fleur, en trèfle, en corbeau, en arbre ou en sept prédisent la bonne fortune. Essayez d'utiliser ce procédé, et n'hésitez pas à demander conseil à votre grand-mère.

Après un dîner fin, les sorcières adorent danser. Elles pratiquent les dernières danses à la mode et s'entraînent à la bossa-nova-sorciera qui donne lieu, chaque année, à un grand concours lors du festival des sorcières. Reste le problème de leur trouver des partenaires convenables.

Une bouilloire de sorcière jamais ne bout.

Air Sorcière

D'anciens textes signalent des ciels noirs de sorcières les soirs de Sabbat, à cheval sur leurs balais, criant et ricanant. Mais il faut reconnaître que les vols de ce type sont dangereux, froids et inconfortables. C'est pourquoi la plupart des sorcières préfèrent voyager en autobus, en bicyclette ou en voiture. Elles ne se déplacent en fait que pour les grands rassemblements comme le Sabbat ou le Mardi Gras à moins qu'une grève de transport ou une nécessité urgente ne les force à sortir de chez elles.

Un vol
ou
«caquettement»
de
sorcière.

En route pour
le Sabbât.

Les sorcières volent traditionnellement
sur des manches à balai, bien qu'on en ait
déjà rencontré sur des chats, des jeunes coqs,
des chevaux, des gros chiens et même, dans
les cas désespérés, sur des chèvres. Il est bien
possible qu'un cheval trouvé au petit matin
fatigué, couvert de sueur, sans plaisir au travail, ait servi toute la nuit de monture à une
sorcière. C'est pourquoi, lors des grands
Sabbats, les fermiers ont pris l'habitude de
garder leurs écuries.

Avant de décoller, la sorcière doit s'enduire tout le corps d'un onguent pour le vol. L'odeur de cette mixture, faite de sang de chauve-souris, de jus de douce-amère, de sève de digitale et de graisse de sanglier, est un indice qui ne trompe pas : une sorcière volera cette nuit !

Les chèvres peuvent voler en cas de panique.

Mais la façon la plus simple pour voler est encore de se transformer en oiseau, en mouche ou en toute autre créature volatile. On sait cependant que, bien qu'elles puissent se transformer en ce qu'elles veulent, c'est la forme du chat ou celle du lièvre que les sorcières préfèrent. Il leur est en général difficile de se changer en tourterelle ou en lapin blanc.

Changements de forme
Les chats et les lièvres sont les formes les plus usuelles. Il y a aussi la mouche.

La tourterelle n'est jamais un succès.

Sorcières en Fêtes

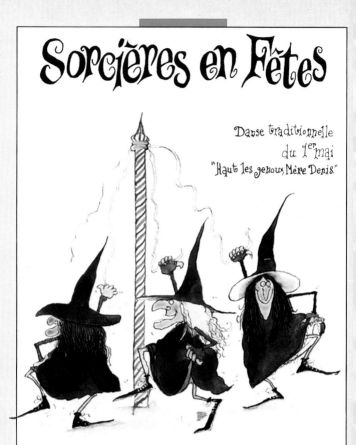

Danse traditionnelle
du 1ᵉʳ mai
"Haut les genoux, Mère Denis."

L'année-sorcière commence au Mardi Gras, époque où les fantômes, les diablotins et les enfants parcourent le pays en se déguisant et en faisant mille tours. On décore les maisons avec des chandelles en forme de navet, on met des masques et des perruques aux pommes et aux citrouilles et on prépare des crêpes.

La veille du Mardi Gras, les sorcières se rassemblent à minuit et dansent autour d'un grand feu jusqu'à l'aube. Elles valsent, elles charlestonnent, elles twistent, elles tangottent, mais toujours dans le sens contraire des aiguilles d'une montre. Elles ne font souvent que se trémousser, mais nulle part ailleurs, au Mardi Gras, on ne s'amuse autant.

La Chandeleur est le début de leur semaine de bonté. Elles font brûler des bougies en signe de bonne volonté.

Pour danser à contresens (la danse des sorcières), on forme un cercle de 13 mètres de diamètre autour du feu et l'on tourne dans le sens contraire à celui du soleil.

A la Saint-Valentin, les jeunes sorcières placent des feuilles de laurier sous leurs oreillers pour rêver à un futur époux. Mais nul ne sait de quoi sont faits ces songes.

Le 1er mai, elles célèbrent le début de l'été. C'est un temps de forte réjouissance. Les jeunes sorcières dansent autour de l'arbre de Mai, espérant faire assez de tapage pour être élues Reine de Mai.

Si une jeune sorcière n'a pas trouvé de mari le 1er mai, elle tentera de nouveau sa chance à la veille de la Saint-Jean.

Sorcière-réverbère.

Du laurier
sous l'oreiller
fait rêver
à l'hyménée.

Au festival de la Moisson, le 1er août, c'est leur dernière chance. Elles font alors parfois cuire des gâteaux magiques avec du blé fraîchement moissonné et les offrent à leurs amoureux. Si elles ne peuvent le séduire par leurs charmes naturels, elles emploieront des charmes surnaturels.

La première
miche du
1er août.

Faits et Méfaits

On sait que les sorcières atteignent un grand âge, parfois au-delà de 65 ans.

Un des sorts préférés des sorcières et des magiciens est de changer un Prince en grenouille ou un vagabond en crapaud.

Un séminaire de sorcières comprend normalement
13 sorcières.

Ce séminaire s'amuse à un jeu ancien: le passe-passe
du crapaud.

Si vous voulez
trouver votre
chemin...

demandez à une
vieille sorcière.

Vieille sorcière à la fin de
sa vie enseignant tout ce qu'elle sait à une sorcière
novice.

On disait autrefois que les sorcières mâles et femelles étaient capables d'ensorceler les moutons.

autre mouton ensorcelé.

↰ Deux moutons ensorcelés.

Les jumelles et tout spécialement les sorcières jumelles possèdent un pouvoir unique. Cependant, beaucoup pensent qu'elles sont deux fois plus enquiquinantes.

Beaucoup de sorcières se livrent à des prouesses sur leurs balais volants.

Chat noir borné

Les meilleures sont choisies pour les Jeux Olympiques-Sorcières.

Les sorcières adorent les chats et spécialement les chats noirs. Ce sont donc les plus chouchoutés des chouchous.

Un dernier point :
Si, d'aventure, vous rencontrez une sorcière,
soyez gentil, gentil,
car plus que personne au monde,
elles ont besoin qu'on les aime.

Fin

Colin et **Jacqui Hawkins** ont publié depuis 1981 plus de 50 ouvrages, presque tous traduits en français. Leurs grands succès sont *Les sorcières, Les fantômes, Les vampires, Les grand-mères, Les pirates,* mais aussi *Quelle heure est-il Monsieur le Loup ?, Snap ! Snap !, Le chat de l'espace, Crocodiles & Co.,* des livres très différents. Colin et Jacqui habitent en Angleterre ; ils écrivent et illustrent ensemble tous leurs livres. Ils pensent qu'ainsi le travail est plus facile et beaucoup plus drôle. C'est une merveilleuse association qui permet de vendre chaque année plus de 400 000 exemplaires à travers le monde, de la Finlande au Japon. Colin et Jacqui ont deux enfants, Pinbar et Sally, et un chien, Max. Pinbar et Sally écrivent et dessinent remarquablement, Max a encore quelques progrès à faire.

Les sorcières

Supplément illustré

Test

Es-tu attiré par
le monde de l'étrange ?

Pour le savoir, choisis pour chaque question
la solution que tu préfères. *(Réponses page 70)*

1 Le mot *étrange*
rime avec :

▲ ange
■ mélange
● dérange

2 Quel est le
nombre que tu
préfères ?

▲ 13
● 7
■ 100

3 Le lieu le plus
étrange pour toi
c'est :

■ un laboratoire du
futur
● une forêt la nuit
▲ un château hanté

4 Aimerais-tu
consulter une
voyante ?

● une fois, par simple
curiosité
■ jamais, tu trouves
que c'est de l'argent
perdu
▲ autant de fois que
possible

5 En admettant que tu ailles en voir une, tu lui demanderais :

▲ qu'elle te mette en relation avec des esprits

● qu'elle te raconte ton avenir

■ qu'elle te parle de ses clients les plus fous

6 Pour toi l'opposé de l'étrange c'est :

▲ le réel

● le connu

■ le normal

7 Le pays qui pourrait t'attirer serait :

■ le pays dont les habitants parlent toutes les langues

● le pays où l'on peut devenir invisible

▲ le pays des esprits purs

8 Comment est le style de ta chambre ?

● confortable et gai

■ moderne, facile à ranger

▲ rustique avec de vieux meubles

9 Si tu devais choisir une heure, ce serait :

● 8 h, au réveil

▲ minuit au 12e coup

■ midi avec un bon déjeuner !

Informations

■ Créatures de la nuit ■

Que ceux qui ne sont pas d'une nature peureuse se munissent d'ail, d'un fer à cheval et de quelques porte-bonheur et nous suivent. Nous allons maintenant rencontrer quelques-uns des familiers de la *sorcière* : les habitants de la nuit...

D'où provient ce long hurlement qui nous parvient à travers la muraille ? Qui donc agite ces chaînes ? Laissons-les nous diriger et nous allons bientôt faire connaissance avec les *fantômes*.

■ Le fantôme

Le fantôme est le noctambule le plus banal qui soit : un courant d'air, une porte qui claque, un craquement lugubre dans la nuit peuvent parfaitement être le fait de fantômes.On les rencontre dans tous les pays du monde.

De l'Afrique, où les esprits prennent possession des sorciers, jusqu'à l'Ecosse, le royaume des fantômes que rien ne saurait déloger de leurs seigneuriales demeures.

Les fantômes, qu'on appelle aussi "revenants", ou "spectres" s'ils sont vraiment très maigres et n'ont même plus la peau sur les os, sont des créatures qui reviennent de l'au-delà pour hanter les vivants. Ils se matérialisent le plus souvent dans de grands linceuls blancs, mais il est aussi possible qu'ils reprennent l'apparence qu'ils avaient de leur vivant. Vous en rencontrerez peut-être, se promenant la tête sous leur bras – c'est qu'ils auront été décapités –, d'autres un poignard dans le cœur – on les aura sûrement assassinés. Mais ne vous affolez pas, ils ne sentent plus rien. Ils sont impalpables, si peu réels qu'ils traversent facilement les murs !

(Illustration Lisa Campbell Ernst, *Le livre des horreurs*, Les bouquins malins)

Ne vous y fiez pas : l'âme des fantômes n'est pas toujours aussi blanche que leur linceul ! Si certains ont été frappés d'un sort injuste, nombreux sont ceux qui expient, en errant ainsi lugubrement, des crimes commis leur vie durant. Certains d'entre eux sont restés tristement célèbres ; le Hollandais Volant, cet affreux pirate sanguinaire qui sillonnait les mers, est condamné à naviguer pour toujours ! Malheur à celui qui croise son navire fantôme piloté par un équipage squelettique !

Approchons-nous à présent du cimetière. Quel endroit accueillant, éclairé par la lune ! Soudain, une pierre tombale grince, se soulève, et une forme noire s'en échappe. Attention ! Nous allons faire connaissance avec un autre personnage...

■ **Le vampire**

Le vampire est beaucoup moins agréable à fréquenter que le fantôme, pour la simple raison qu'il se nourrit essentiellement de sang, de préférence humain. Il a même un faible pour celui des belles jeunes filles ! Malgré cela, le vampire a le teint très blanc, nous dirons

même livide, si vous voyez ce que
nous voulons dire, mais ses
lèvres, d'où dépassent de
longues canines, sont rouge...
sang ! Il y a encore un siècle
ou deux, le vampire vivait
surtout en Europe centrale, dans
de grands châteaux perchés sur les pics
de Transylvannie. Cela crée des habitudes ;
la vie de château oblige donc le vampire a un
certain chic : il porte régulièrement l'habit noir,
ainsi qu'une grande cape.
Il déteste l'ail et les crucifix, et son image ne se
reflète pas dans les miroirs, ce qui est
très gênant pour arranger son nœud papillon.
Mais ce qui lui est totalement impossible de
supporter, c'est la lumière du soleil : dès que le
premier rayon le touche, il tombe en poussière !
Voici quelques conseils pour se débarrasser d'un
vampire : manger de l'ail ou recourir à la
solution extrême et profiter du jour, où il repose
dans son cercueil, pour lui enfoncer un pieu
dans le cœur !
Facile à dire, n'est-ce pas ?
Mais le jour se lève à présent. Nous ne ferons
malheureusement plus de rencontres.
Allons nous coucher, nous avons de quoi faire
de beaux rêves !

Jeux

■ Un sort peut en cacher un autre ■

Attention ! Dans ce jeu, la sorcière Maléfice a transformé tous les mots SORT en chaudrons.

Retrouve quelques mots de la famille de

1. Celui qui l'est n'a plus toute sa tête

en S'

2. Maléfice ou enchantement ?

 t'

3. Qui se méfie encore d'elle ?

  r

4. Opération magique

(Réponses page 70)

64
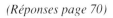

■ Les mots magiques

La sorcière a caché dans la grille tous les mots
de la sorcellerie. En déchiffrant son grimoire,
sauras-tu les retrouver ?

Par une **1** sans lune, son fidèle chouchou le **2**,
perché sur son épaule, la sorcière sort son vieux
3 et son **4** pour préparer quelque affreux **5**.
Elle mélange des **6** fraîchement cueillies avec
trois poils de rat et la potion **7** se met à bouillir.
En levant sa **8**, elle prononce la **9** puis se met à
rire : le **10** est jeté. Elle regarde les **11** pour y lire
son avenir, enfourche son **12** et se rend au **13** où
elle va retrouver ses amies et apprendre un
nouveau **14**. *(Réponses page 71)*

■ Le labyrinthe de la sorcière ■

Pour se retrouver dans le château de Maléfice, la sorcière a déposé dix objets aux endroits où elle risquerait de se perdre. Mais, esprit malveillant, elle a mis dix autres objets sur le mauvais chemin pour te tromper. A chaque croisement du labyrinthe, tu trouveras le numéro d'une question et le bon chemin si tu y réponds bien. Choisis une réponse et dirige-toi vers l'objet qui t'est signalé. Tu verras vite si tu t'es trompé ! Dans ce cas, rebrousse chemin et attention à la question suivante ! *(Réponses page 71)*

1. Un chouchou :
a/ est forcément un chat *(balai)*
b/ peut être n'importe quel animal *(chaudron)*

2. Les sorcières :
a/ ne dorment jamais *(corbeau)*
b/ vivent la nuit et dorment le jour *(chat)*

3. La propreté :
a/ est une qualité des sorcières *(chauve-souris)*
b/ est un mot inconnu des sorcières *(araignée)*

4. Les vêtements des sorcières sont :
a/ confortables *(parapluie serpent)*
b/ élégants *(crapaud)*

5. La Sorcièritaine :
a/ est une chanson de sorcière *(chauve-souris)*
b/ est un grand magasin *(monstre vert)*

6. Une sorcière endort ses plantes pour :
a/ mieux les conserver *(champignon)*
b/ ne pas les entendre pleurer *(citrouille)*

7. Les sorts les plus simples concernent :
a/ le temps *(balai)*
b/ les maladies *(araignée)*

8. Les sorcières aiment lire l'avenir :
a/ dans le marc de café *(chandelier)*
b/ dans les feuilles de thé *(souris)*

9. L'année-sorcière commence :
a/ au Mardi Gras *(saucisses)*
b/ au sabbat *(chat)*

10. Les sorcières jumelles possèdent :
a/ deux fois plus de pouvoir *(chenille)*
b/ un pouvoir unique *(chapeau)*

■ Encore des histoires de sortilèges ■

Voici des expressions avec le mot *sort*. Entoure la lettre qui se trouve en face de la bonne définition. Avec les lettres entourées, tu pourras former, si tu ne t'es pas trompé, un mot ayant presque le même sens que *sort*.

1. Jeter un sort

B ❑   se débarrasser de son sort

C ❑   ensorceler

2. Faire un sort à quelque chose

H ❑   mettre en valeur quelque chose

I ❑   fabriquer une potion

3. Tirer au sort

A ❑   laisser le hasard décider

B ❑   viser au hasard

4. Etre frappé par le sort

Q ❑   être brutalement transformé

R ❑   être la victime d'un malheur

5. Se plaindre de son sort

M ❑   être mécontent de sa situation

N ❑   faire des réclamations

6. Le sort en est jeté

F ❑   la situation est désespérée

E ❑   on ne peut revenir en arrière

(Réponses page 71)

■ Serais-tu sorcière sans le savoir ? ■

Une sorcière, nous dit-on, est une personne d'un
âge avancé, dont l'aspect extérieur est plutôt
repoussant. Mais sais-tu que parfois, sous des
traits innocents, peut se cacher une vraie sorcière ?
Sans le savoir, tu as peut-être toutes les qualités
qui font de toi la plus terrible des créatures.
Voici un petit test qui t'aidera à découvrir ta
vraie personnalité.

(Réponses page 71)

1. Tu es plutôt :
✪ solitaire
✿ sociable

2. Es-tu attiré par :
✿ les maisons modernes
✪ les greniers
poussiéreux

3. A la campagne :
✿ tu regardes la télé
✪ tu joues dans le
jardin, pour attraper
des papillons
ou des vers de terre

**4. Tu préfères les
histoires :**
✪ effrayantes
✿ drôles

**5. Entre ces deux
animaux, lequel
choisis-tu ?**
✪ le crapaud
✿ la chauve-souris

**6. Aimes-tu faire des
farces à tes amis ?**
✪ oui
✿ non

**7. Si tu devais
préparer un repas
pour tes amis,
tu ferais :**
✪ un crapaud farci
✿ des frites

Réponses

pages 58 et 59

Compte les ●, les ▲ et les ■ que tu as obtenus.
- Si tu as plus de ▲, étrange, l'étrange ? Non, attirant. Tu baignes avec bonheur dans le royaume des elfes, des lutins et des génies en tous genres. Tu as une imagination débordante qui t'emporte loin, loin de la réalité.
- Si tu as plus de ■, étrange, l'étrange ? Non, plutôt incompréhensible. Tu aimes les situations nettes. Tu préfères ignorer tout ce qui t'échappe. Pour toi le Père Noël n'a jamais dû vraiment exister, quant aux fantômes, n'en parlons pas !
- Si tu as plus de ●, étrange, l'étrange ? Non, plutôt effrayant, un peu angoissant même. Les histoires de sorcières, de vampires et de fantômes te font rire, bien sûr, mais te laissent toujours un peu mal à l'aise.

page 64

Un sort peut en cacher un autre : 1. *(en - sort - s' - œufs - lait) = ensorcelé -* **2.** *(sort - t'- île - haie - jeu) = sortilège -* **3.** *(sort - scie - R) = sorcière -* **4.** *(sort - sel - riz) = sorcellerie.*

page 65

Les mots magiques : *1.* Nuit - *2.* Corbeau -
3. Chaudron - *4.* Grimoire - *5.* Sortilège -
6. Herbes - *7.* Magique - *8.* Baguette -
9. Formule - *10.* Sort - *11.* Flammes -
12. Balai - *13.* Sabbat - *14.* Charme.

pages 66 et 67

Le labyrinthe de la sorcière : Si tu as bien suivi
le parcours tu dois avoir ramassé : *1.* Un
chaudron - *2.* Un chat - *3.* Une chauve-souris -
4. Un parapluie serpent - *5.* Un monstre vert -
6. Une citrouille - *7.* Un balai - *8.* Une souris -
9. Des saucisses - *10.* Un chapeau.

page 68

Encore des histoires de sortilèges : 1. C - 2. H -
3. A - 4. R - 5. M - 6. E Le mot est : CHARME.

page 69

Serais-tu sorcière sans le savoir ?

- Si tu as plus de 4 ✪, eh bien oui, tu es une
véritable sorcière. Comme tes compagnes, tu
adores les farces et les histoires qui font peur.
Maintenant que tu sais que tu es une sorcière,
tu peux essayer des formules magiques.

- Si tu as plus de 4 ✣, aucun détail suspect ne
laisse penser que tu es une sorcière. Mais cela
peut venir plus tard. Relis cet ouvrage dans
quelques mois et cela sera peut-être différent !!!

Titres à nouveau disponibles et nouveautés de la collection folio cadet

série bleue ▬▬▬▬▬▬

Le problème, Aymé/Sabatier
Le chien, Aymé/Sabatier
Les boîtes de peinture, Aymé/Sabatier
Clément aplati, Brown/Ross
Le doigt magique, Dahl/Galeron
La Belle et la Bête, de Beaumont/Glasauer
Le dictionnaire des mots tordus, Pef
Du commerce de la souris, Serres/Lapointe
La petite fille aux allumettes, Andersen/Lemoine
Il était une fois deux oursons, Johansen/Bhend
Les inséparables, Ross/Hafner
Le petit humain, Serres/Tonnac

série rouge ▬▬▬▬▬▬

Le cheval en pantalon, Ahlberg
Histoire d'un souricureuil, Allan/Blake
Le port englouti, Cassabois/Boucher
Fantastique Maître Renard, Dahl/Ross
L'enlèvement de la bibliothécaire, Mahy/Blake
Pierrot ou les secrets..., Tournier/Bour
Le rossignol de l'empereur..., Andersen/Lemoine
L'homme qui plantait..., Giono/Glasauer
Barbedor, Tournier/Lemoine
Le poney dans la neige, Gardam/Geldart
Les sorcières, Hawkins
Grabuge et..., de Brissac/Lapointe